15 Novembre 1824

CATALOGUE

D'OBJETS RARES ET CURIEUX,

COMPOSANT LE FONDS DE COMMERCE

DE FEU M. MAËLRONDT.

Ces objets consistent en Tableaux, Dessins, Estampes; Figures et Bustes en Bronze, en Porphyre, en Terre cuite; en un choix riche et varié de Porcelaines du Japon, de la Chine, d'ancien et nouveau Sèvres; en Meubles de Marqueterie par Boule, Riesner, etc., etc., en Pièces précieuses d'Horlogerie par F. Berthoud, Lepaute, Jul. le Roy, etc., etc., etc., en Coffrets, Tabatières, Objets divers de Dorures, etc., etc., etc.

La Vente publique et aux Enchères aura lieu le lundi 15 novembre 1824 et jours suivans, à onze heures du matin,

Dans le domicile de feu M. MAËLRONDT, boulevard des Capucines, n°. 13.

Elle sera précédée d'une Exposition qui sera Publique, les vendredi 12, samedi 13, dimanche 14, de midi à trois heures.

CE CATALOGUE,

RÉDIGÉ PAR M. PÉRIGNON, SE DISTRIBUE :

A PARIS,

Chez Mme Ve MAËLRONDT, boulevard des Capucines, n° 13;

Chez MM.
ASCRAT, commissaire-priseur, rue Vivienne, n° 19;
MORILLON, commissaire-priseur, rue du Four-Saint-Honoré, n° 9;
PÉRIGNON, rue des Martyrs, n° 11;
POTRELT DE MONTIGNY, ancien commissaire-priseur, rue Neuve-Saint-Roch, n° 34;
PETIT, notaire, rue Saint-Honoré, n° 290;
PILLALCT-DESIT, avoué, rue du Four-Saint-Honoré, n° 9;
LABOISSILAE, avoué, rue des Bons-Enfans, n° 32;

A LONDRES,

Chez MM.
MARTIN BOSSANGE et C°, 14, Great Marlborough Street;
VINCENT SALVA, 24 Régent Street;

A AMSTERDAM,

Chez M. C.-F. ROOS Makelaar.

AVERTISSEMENT.

Pour ne pas intervertir l'ordre habituel des catalogues d'objets d'arts, nous avons commencé celui-ci par les tableaux, dessins, estampes et bronzes; cependant les objets de curiosité en porcelaine, meubles de marqueterie et pièces d'horlogerie qui les suivent, sont par leur importance d'un intérêt supérieur, et méritent surtout l'attention des curieux. M. Maëlrondt avait des connaissances parfaites et un goût décidé pour les diverses porcelaines, les meubles curieux, riches pendules et objets divers de ce genre, notamment ceux que l'on doit aux talents des habiles ciseleurs, horlogers et ébénistes qui se sont fait un nom depuis le siècle de Louis XIV jusqu'à nos jours.

M. Maëlrondt a aussi fait établir lui-même, avec goût et discernement, des meubles de grands prix, et monter des vases précieux par d'habiles ciseleurs et ébénistes modernes.

Les amateurs verront sûrement avec plaisir cette exposition, dont le coup-d'œil sera riche et varié. Elle se composera de tableaux, dessins et estampes qui, sans être de la même importance que les autres objets, sont pourtant pour la plupart agréables et en bon état; de figures et bustes en bronze d'une belle fonte, en porphire et en terre cuite. Et surtout d'une collection de porcelaines du Japon et de la Chine, consistant en grands, moyens et petits vases, cornets, coupes et autres pièces en céladon ordinaire, gaufré ou fleuri, en porcelaine dite impériale, et autres à fonds et dessins variés. Une collection encore plus remarquable, est celle des porcelaines dites de Vieux-Sèvres, consistant d'abord en vases de toutes dimensions, de formes et fonds variés, enrichis presque tous de précieux médaillons et cartouches peints du plus précieux fini et montés en bronze doré; en une suite de moyens et petits vases, presque tous à fonds bleus, ornés de précieux médaillons, de dessins tracés en or, et d'élégantes montures modernes en bronze doré au mat; en plusieurs cabarets, écuelles, tasses, etc., du meilleur choix, et enfin en plusieurs services de tables et pièces séparées. Quelques vases et autres objets, en porcelaine de Sèvres moderne, complettent cette collection. Celle des meubles aussi très-remarquable, offre des armoires dites cabinets, des commodes, consoles, secrétaires, bureaux, gaines, etc., en marqueterie de Boule et Riesner, divers meubles établis nouvellement avec de très-beaux panneaux de vieux laque, garnis de beaux bronzes dorés, d'autres enrichis de médaillons de porcelaine et de montures magnifiques en bronze doré au mat. Les amateurs de belle horlogerie verront aussi à cette exposition des pendules, régulateurs et cartels par les plus habiles maîtres tels que Ferd. Berthoud, Lepaute, Jul. Leroy, etc., etc.

Enfin de riches coffrets, des panneaux en laque, divers objets de dorures, quelques tabatières, socles et autres articles de curiosité, répandront de la variété et pourront contenter les divers goûts des curieux.

Nous ajouterons ici qu'aucun objet étranger à la succession de M. Maëlrondt ne sera joint à la vente, comme aussi aucun objet ne sera réservé, et qu'ainsi les amateurs et les négociants retrouveront intact le fonds de commerce laissé par M. Maëlrondt.

CATALOGUE

DE TABLEAUX,

DESSINS, ESTAMPES, BRONZES,

PORCELAINES,

MEUBLES DE MARQUETERIE, PIÈCES D'HORLOGERIE,

ET AUTRES OBJETS CURIEUX.

TABLEAUX.

BLINKVLIET.

1. Un tableau représentant un paysan gardant des chevaux et autres animaux dans un paysage.

BORELLI.

2. Deux tableaux représentant des sites d'Italie; dans l'un, on voit une danse de paysans, et dans l'autre, des pâtres et leurs troupeaux. B.

BOTH ET BAUDWOINS.

3. Un joli paysage, offrant un site varié et coupé par une rivière qui traverse une riante campagne.

On y remarque, en avant, un pâtre conduisant son troupeau, une femme montée sur une mule, et d'autres jolies figures touchées avec esprit. B.

Manière de BOTH d'Italie.

4. Un tableau représentant un paysage avec des ruines; on y remarque des paysans près d'une fontaine.

BOUNIEU.

5. L'intérieur d'une maison de paysans, que l'on voit entourés de leurs enfans. T.

Manière du BOURGUIGNON.

6. Deux tableaux, sujets de combats de cavalerie. T.

BRUANDET.

7. Deux paysages, l'un sur toile et l'autre sur bois, représentant l'un et l'autre des entrées de forêts et ornés de figures, par Sweback et M. Duval.

DESHAYES.

8. Un tableau représentant Saint-Jérôme assis dans un paysage et occupé à lire. B.

Même école.

9. Un tableau agréable représentant Vénus, de grandeur naturelle, à mi-corps et jouant avec l'Amour. T.

M. DUBUCOUR.

10. Un petit tableau représentant une dame occupée à lire près d'une table couverte de divers accessoires. B.

DUVIVIER.

11. Deux tableaux représentant des marches de cavalerie, exécutés dans le goût de Casanove; un de ces tableaux peut être attribué à cet artiste. T.

FRAGONARD (honoré).

12. Un tableau peint dans le goût de Watean et représentant une jeune fille et des jeunes garçons dans un jardin. T.

Même école.

13. La vue d'un jardin au fond duquel on aperçoit un temple; on y voit aussi deux figures en avant. De forme ovale. T.

GRIEFF.

14. Deux petits tableaux faisant pendant, représentant l'un et l'autre, dans des paysages, des chiens gardant du gibier mort. T.

Par le même.

15. Deux autres tableaux représentant des basses-cours; on y remarque des figures, quelques animaux et nombre d'accessoires. T.

GUEBAUW.

16. Un tableau représentant un site d'Italie enrichi de diverses ruines de monumens, de bas-
reliefs, débris de colonnes, etc. Ce paysage est
animé par des figures bien touchées.

HEEMSKERCK.

17. Un petit tableau représentant un intérieur
d'estaminet. B.

HYRE (LAURENT DE LA).

18. Un paysage où l'on voit des ruines d'arc de
triomphe, de colonnades, etc. ; ce tableau est
orné de quelques figures. T.

Même école.

19. Deux tableaux représentant des paysages, ornés d'architecture. Forme ovale. T.

HOET (GÉRARD).

20. Précieux tableau représentant la vierge et Saint-
Joseph, contemplant l'enfant Jésus. Forme ovale.
C.

HOOREMANS.

21. Deux riches compositions représentant des intérieurs d'appartemens. Dans l'un, on voit plusieurs personnages jouant aux cartes; dans l'autre,
tre, une famille prenant son repas. Ces tableaux
des meilleurs du maître, sont enrichis de plusieurs
accessoires bien rendus. T.

HUYSMANS DE MALINES.

22. Un précieux paysage de la manière terminée de maître. On y remarque en avant, près de la lisière d'un bois, nombre de jolies figures et un riche lointain. B.

JANNECK.

23. Deux tableaux faisant pendant; l'un représente une jeune dame, écoutant la déclaration d'un cavalier espagnol, tandis qu'un vieillard dort près d'elle; l'autre représente un cavalier et une dame prenant une collation. C.

Manière de JARDIN (KAREL DU).

24. Un muletier s'arrêtant près de la porte d'une hôtellerie. B.

JORDANO (LUCAS).

25. Deux esquisses en hauteur et de forme cintrée d'une couleur brillante et bien touchée; l'une représente le Temps qui enlève la vérité, l'autre l'enlèvement de Ganimède. C.

KALF.

26. Un tableau représentant deux paysans près d'un puits, dans une campagne. On y remarque en avant plusieurs accessoires touchés avec finesse. B.

KESSEL (VAN).

27. Un médaillon représentant une jeune Indienne

(12)

à mi-corps et entouré de divers accessoires, tels qu'armures, coquillages, vases divers, etc., de l'exécution la plus précieuse. C.

Par le même.

28. Deux petits tableaux d'une exécution soignée représentant des fruits et des légumes. C.

DE LAAR (PIERRE).

29. Un tableau représentant des cavaliers en repos dans un paysage. B.

LANCRET.

30. Trois tableaux, sujets de danse et de retour de chasse dans des jardins. T.

LARGILLIERRE.

31. Le portrait de mademoiselle Duclos dans le rôle d'Ariadne avec l'estampe, par Desplaces. T.

Manière de LOCATELLI.

32. Un paysage, vue d'Italie, traité dans le style de Locatelli, offrant au milieu une nappe d'eau; sur les plans éloignés quelques fabriques groupées parmi des montagnes, et en avant, un terrain ombragé par des arbres, sur lequel on remarque diverses figures de pêcheurs. T.

Même école.

33. Deux paysages faisant pendant, représentant

(13.)

l'un et l'autre de riches sites d'Italie, où l'on remarque divers monumens placés sur les bords
d'une rivière et quelques figures.

MENDERHOUTE.

34. Un tableau offrant le péristyle d'un château et
plusieurs figures. T.

MEULEN (Vander).

35. Deux tableaux très-fins d'exécution et riches
de composition; l'un représente un combat de
cavalerie, l'autre l'attaque d'un convoi. Nous re-
commandons ces deux tableaux à l'attention des
amateurs comme étant des plus précieux de ce
maître. B.

MIERIS (*Ecole de*).

36. Un intérieur d'appartement où l'on voit un
Hollandais près d'une table, sur laquelle sont les
restes d'une collation, et une jeune dame debout
et tenant sa guitare. On y remarque aussi un
serviteur dans le fond. Ce tableau est d'un pinceau très-soigné. B.

Attribué à MIGNARD.

37. Un portrait d'une dame de la cour de Louis xiv,
vue en buste, grandeur naturelle. Ce portrait est
d'une couleur agréable et d'un beau pinceau.
De forme ovale. T.

Même école.

38. Un portrait présumé celui de madame de Mon-
tespan. De forme ovale.

MOMERS.

39. Un paysage des environs d'Italie. On y voit
plusieurs marchands de légumes près des ruines
d'un portique. B.

Attribué à MOUCHERON.

40. Un tableau, représentant les environs d'une
maison de campagne. B.

PILEMENT.

41. Deux tableaux bien touchés représentant des
pâtres conduisant des troupeaux de chèvres et
autres animaux dans des paysages. T.

Manière de PYNACKER.

42. Un excellent tableau remarquable par la touche
et la couleur. Il représente un riche paysage orné
de plusieurs animaux sur le devant. T.

ROBERT.

43. Deux tableaux touchés avec esprit, compositions pittoresques empruntées des sites d'Italie,
ornées de quelques figures. Forme ronde. T.

Même école.

44. Un tableau représentant un palais et l'entrée

(15)

d'un parc avec quelques figures de soldats sur le devant. T.

Manière de ROMAIN (VAN).

45. Un tableau représentant un pâtre conduisant son troupeau dans un paysage. T.

D'après RUBENS.

46. Une excellente copie représentant le sujet de l'ascension de la vierge; une des plus riches compositions de ce maître. B.

Ecole de RUBENS.

47. Vénus surprise par un Satyre. T.

SENAVE.

48. Deux petits tableaux représentant des intérieurs de maisons de paysans. B.

Attribué à M. TAUNAY.

49. Deux paysages, l'un représente une rivière traversant un pays riche en fabriques diverses, on y remarque quelques voyageurs et des matelots tirant une barque; l'autre offre un site du même genre, et en avant des pêcheurs et des marins se reposant sur des ballots de marchandises. T.

TEMPÉSTE.

50. Deux tableaux représentant des paysages agrestes, ornés de figures et d'animaux. T.

Manière de TÉNIERS.

51. Un petit tableau, représentant un paysage, avec figures. B.

Attribué à THERBURG.

52. Un petit tableau représentant une jeune fille en buste. B.

TOURNIERS.

53. Deux tableaux, sujets d'intérieurs; dans l'un on voit une société s'occupant d'une partie de dames, et dans l'autre une partie d'échecs. B.

TREVISANI.

54. Deux tableaux agréables; l'un représente Suzanne et les vieillards; l'autre la femme de Putiphar et Joseph. B.

D'après VERNET (JOSEPH).

55. Une très-bonne copie représentant une tempête. B.

WATTEAU.

56. Deux riches compositions offrant, l'une des baigneuses dans un jardin; l'autre quatre personnages dans des costumes de mascarades. Ces tableaux ont aussi été attribués à Pater. T.

Même école.

57. Une composition assez riche représentant plu-

sieurs personnages dansant dans un jardin. *Toile maroufllée sur bois.*

Même école.

58. Un tableau représentant deux jeunes garçons dans un jardin. B.

Manière de WOUVERMANN.

59. Un tableau, paysage avec figure sur le devant. T.

ZÉEMAN.

60. Une riche composition représentant d'un côté, une grande étendue de mer, et de l'autre quelques habitations parmi des rochers, en avant, l'on remarque des marins occupés à débarquer des ballots de marchandises, et sur les divers plans des vaisseaux de guerre et des bâtimens marchands. T.

Par un artiste moderne.

61. Un petit tableau de forme en travers, sujet de marine et paysage; on remarque en avant sur le rivage plusieurs groupes de marins et de pêcheurs, et dans le lointain une ville située au pied de hautes montagnes. B.

62. Deux tableaux représentant des paysages avec figures, l'un par Bartholemée Breemberg. B.

63. Un petit tableau, sujet d'une ville prise d'assaut. B.

64. Un petit tableau représentant une jeune fille sous le costume de la Folie. B.

65. Un tableau représentant des soldats jouant aux cartes dans l'intérieur d'une vaste salle. T.

66. Un paysage effet de soleil couchant ; on y remarque sur les bords d'une rivière, un pâtre gardant son troupeau, et quelques fabriques entourées d'arbres. T.

67. Deux petits tableaux représentant des vues d'Italie. *Sur cuivre.*

68. Un petit tableau représentant un paysage traversé par une rivière et éclairé par le soleil couchant.

69. Un tableau représentant des enfans jouant autour d'un fourneau. T.

DESSINS, GOUACHES ET ESTAMPES

SOUS VERRES.

BOUCHARDON.

70. Deux dessins au crayon rouge dans le même cadre ; ce sont l'esquisse et le dessin terminé, représentant Brennus mettant son épée dans la balance.

DESGAULT.

71. Dessins, forme de frise sur fond noir, représentant le triomphe de Neptune et d'Amphitrite.

DUSSAERT (CORNEILLE).

72. Deux dessins dans le même cadre, représentant des paysans.

FRAGONARD (Honoré).

73. Un dessin au bistre, sur papier blanc ; il représente un pierrot, montrant la lanterne magique.

LAVRINCE.

74. Deux gouaches, sujets de deux figures, dans des intérieurs d'appartemens.

MANDEVARE.

75. Une gouache, offrant une vue prise dans un jardin, et ornée de figures. *Forme ronde.*

M. MICHEL.

76. Deux médaillons peints au fixé. Sujets militaires.

M. NICOLE.

77. Quatre dessins à l'aquarelle. Vues de la place Vendôme, du Château-d'Eau, de la grande cour des Invalides et de l'Hôtel des Invalides.

Style du PARMESAN.

78. Deux dessins, dans une seule bordure, l'un au crayon noir et blanc, sur papier blanc, représente l'adoration des bergers ; l'autre au crayon rouge sur papier blanc, représente le mariage de Sainte-Catherine.

POERSON.

79. Deux dessins colorés dans une même bordure,

l'un représente le martyre d'un Saint; l'autre un sujet militaire. *Forme ronde.*

Style de POLIDOR.

80. Un dessin, forme de frise, représentant le combat des Amazones.

SAUVAGE.

81. Deux dessins sur ivoire, imitant le bas-relief, et représentant des sujets allégoriques.

SOLIMENE.

82. Deux dessins au bistre et à la plume dans la même bordure; l'un sujet du sacrifice d'Abraham; l'autre la Sainte-Famille.

M. TAUNAI.

83. Deux jolies gouaches, représentant des paysages. On voit dans l'une un pâtre conduisant son troupeau; et dans l'autre un cavalier.

TENIERS, le fils (DAVID).

84. Dessin capital à la mine de plomb sur papier blanc, représentant une fête flamande.

TULDEN (VAN).

85. Quatre dessins dans un même cadre, représentant des sujets sacrés.
86. Une jolie miniature gouachée, représentant le triomphe de Galathée.

87.   Quatre estampes par Earlom d'après Hogart, ces quatre sujets différens avec le titre du mariage à la mode.

88.   Deux estampes anglaises, par C. Knigt, d'après Stothard. The Landlords family et the tenants family.

89.   Une estampe anglaise, représentant le portrait de Garick, près de la statue de Shakespeare, par Caroline Watson d'après Pène.

90.   Une autre ovale, sujet allégorique.

91.   Deux autres ovales coloriées. Sujets de Pyrame et Thisbé.

92.   Trois caricatures anglaises coloriées.

93.   Deux petites estampes anglaises ovales, par Knight d'après Smith. Le marchand d'allumettes et la marchande de fleurs.

94.   Deux autres d'après Cosway. Emma et Henry, sujet pastoral.

95.   Une estampe, par Romanet, d'après Gérard Dow.

GROUPES, FIGURES ET BUSTES

EN BRONZE, PORPHIRE ET TERRE CUITE.

96.   Une copie du Moïse de Michel-Ange, en bronze d'une belle fonte. 30 *pouces de proportion.*

97.   Saturne dévorant ses enfans, bronze d'une ehe le fonte sur socle en cuivre doré. 18 *pouces.*

98.   Bronze précieux, représentant un groupe de Bacchus et un Satyre. 15 *pouces de proportion.*

99. Un guerrier tenant son épée et s'appuyant sur son bouclier. 20 *pouces de proportion.*

100. Deux précieux bronzes, l'un représentant Apollon, l'autre Vénus sortant du bain. Sur socles en cuivre doré. 12 *pouces de proportion.*

101. Deux jolies copies en bronze, l'une de la Vénus de Mélicis, et l'autre de l'Antinoüs, sur socles de cuivre doré. 12 *pouces de proportion.*

102. Bronze d'une belle fonte, copie de la Vénus accroupie, sur socle en bronze doré. 12 *pouces de proportion.*

103. Petite figure d'écorché en bronze, montée sur fût de colonne en granit gris avec socle de cuivre doré.

104. Petit bronze faisant pendant au précédent, et représentant un génie funèbre, sur fût de colonne en granit vert.

105. Joli petit groupe en bronze, sujet d'enlèvement monté sur fût de colonne en granit vert, avec garniture de cuivre doré.

106. Petite figure en bronze, au vert antique, représentant l'hymen, sur socle de cuivre doré.

107. Deux petits bustes d'empereurs, les têtes en bronze doré, et les bustes en albâtre.

108. Deux petites figures d'amour sur socle en bronze doré.

109. Une tête antique de forte proportion en porphire dit impérial, travail du bas empire. Sur piédouche en marbre portor. *Hauteur totale* 19 *pouces.*

110. Terre cuite bronzée, représentant un savant

du siècle de Louis XIV sur socle ovale et cannelé en bois, imitant le jaune de Sienne.

111. Autre figure en terre cuite, représentant Archimède assis. *Socle en bois noirci.*

PORCELAINES.

La plupart des porcelaines du Japon et de la Chine sont montées en cuivre doré d'or moulu. Celles de Sèvres ont été presque toutes montées en bronze doré au mat, avec goût et avec le plus grand soin, par MM. Déon, Feucher et Montvoisin oncle et neveu.

Nous n'avons indiqué les mesures que des plus forts vases; c'est en général plutôt par le choix que par les dimensions, que se recommande cette précieuse collection de porcelaines.

PORCELAINES DU JAPON ET DE LA CHINE.

112. Un fort vase de milieu, à large panse, beau céladon vert à côtes de melon, avec petites anses de la même matière, garni d'un bord, et sur socle de bronze doré. H. 17 p., diam. 7 p. 1/2.

113. Deux vases forme bouteille, en céladon craquelé, ornés de riches montures en cuivre doré à ramages, garnissant le collet et formant les anses et la terrasse. H. 12 p.

114. Un fort beau vase de milieu à large panse, en céladon craquelé, orné de deux lézards de la même matière figurant des anses, et garni d'ornemens de feuillages en cuivre doré, partant de la terrasse et venant former le bord et les anses. H. 14 p., diam. 7 p.

115. Deux forts vases forme de marmites, en céladon craquelé, garnis de riches montures en bronze doré, têtes de lions et guirlandes formant les anses, dessus en bronze à cannelures et pommes de pin, et sur socle chantourné à quatre faces. H. 6 p., diam. 8 p.

116. Un fort vase céladon gaufré, orné de têtes de satyres en bronze figurant les anses, couvercle et socle rond également en bronze doré. H. 12 p., diam. 7 p. 1/2.

117. Moyen vase céladon gaufré, forme Médicis, avec consoles figurant les anses, guirlandes de feuillages, bord et piédouche en bronze doré. H. 12 p., diam. 7 p.

118. Deux vases céladon gaufré avec leurs couvercles montés en bronze et sirènes en cuivre doré formant les anses.

119. Deux autres du même genre.

120. Trois vases céladon uni, à dessins d'oiseaux et feuillages colorés, garnis de masques, d'anses, bords et socles en cuivre doré.

121. Un fort vase uni et sans monture, en porcelaine céladon.

122. Un autre beau vase céladon fleuri, de forme exagone, sans monture.

123. Deux vases forme de seau, céladon bleu, montés en cuivre doré.

124. Deux moyens et précieux vases céladon fleuri, à dessins bleus et blancs tracés et en saillie, montés en cuivre doré.

125. Bouteille, forme de gourde, céladon vert à côtes, et monture garnie de cuivre doré.

126.   Deux jolies coupes céladon gaufré, montées
en cuivre doré.

127.   Deux autres belles coupes céladon craquelé,
montées sur pieds à quatre consoles en cuivre
doré.

128.   Petite jatte céladon gaufré, intérieur à fond
blanc et à fleurs, anses et montures en cuivre
doré.

129.   Un petit vase céladon à côtes, avec bandeau et
bouchon de cuivre doré.

130.   Une petite bouteille en céladon gaufré, sur
socle à ramages, à quatre pieds, et avec couvercle en bronze doré.

131.   Grande carpe beau céladon, avec riche monture en cuivre doré, ornée de chimères; la terrasse, les anses, le bord et le socle aussi en
cuivre doré.

132.   Pot-pourri en céladon fleuri, première qualité, à dessins de ramages en saillie, avec couvercle légèrement monté en cuivre doré.

133.   Deux corbeilles de bambou en céladon première
qualité, sur socle rond et à jour en cuivre doré.

134.   Un petit vase en céladon craquelé, à anses de
même matière et couvercle surmonté d'une chimère, monté en cuivre doré.

135.   Une vache conduite par un Chinois, montée
sur terrasse en cuivre doré.

136.   Petit vase porté par une chimère en céladon,
légèrement montée en bronze doré.

137.   Un Chinois en céladon vert et bleu, portant
un parasol en cuivre.

138.   Petite figure de Chinoise, porcelaine truitée

première sorte, dite *impériale*, sur coussin et tabouret en bronze doré.

139. Espèce de pagode de même porcelaine, à entrelas verts et bleus.

140. Petite colonne de même porcelaine, chapiteau et base en bronze doré, surmontée d'une figure de Chinois, le tout sur socle en marbre griote.

141. Deux petits magots assis, en porcelaine dite *impériale*, montés sur terrasse en bronze doré.

142. Deux petites bouteilles fond céladon, à médaillons blancs et bleus.

143. Deux carpes en céladon dit *violet*, montées en bronze doré.

144. Fontaine en porcelaine brune du Japon, avec chimère en céladon, le tout porté sur une monture à pieds en cuivre doré.

145. Précieux vase forme coquille, céladon fleuri, avec son couvercle de même matière, légèrement monté en cuivre doré.

146. Deux aigles de forte dimension en porcelaine du Japon, sur socles à pieds en bronze doré.

147. Deux éperviers, même porcelaine, montés sur socles circulaires et à cannelures en bronze doré.

148. Deux petits gobelets en porcelaine craquelée, avec lézards figurant des anses, en bronze doré.

149. Deux petites bouteilles en porcelaine truitée colorée, avec dessins de fleurs bleuâtres, légèrement montées en bronze doré.

150. Deux précieuses petites coupes, larges panses, en porcelaine couleur café au lait et truitée. montées sur pieds en bronze doré.

151. Beau vase de milieu en porcelaine couleur café
au lait et truitée, avec bords et anses en cuivre,
garnis de têtes de lions et guirlandes, et sur
piédouche aussi en cuivre doré.

152. Deux gobelets en porcelaine truitée, ornés de
chevaux tracés en bleu, légèrement montés en
bronze doré.

153. Trois vases en porcelaine truitée, dont deux
montés en flambeaux.

154. Vase arrondi avec son couvercle en porcelaine
du Japon, fond violet, enrichi d'une belle garniture en bronze doré au vase et au couvercle,
et d'un socle arrondi.

155. Deux forts vases à huit pans, en belle porcelaine du Japon, enrichis de peintures d'ornemens bleus, rouge et or, avec leurs couvercles
surmontés de chimères.

156. Deux autres à côtes de melons, en même porcelaine, ornés de peintures à ramages bleus,
rouge et or, avec leurs couvercles, surmontés
de figures de Chinoises.

157. Quatre grands cornets en belle porcelaine du
Japon, à paysages chinois et ornemens tracés
en or.

158. Deux vases avec leurs couvercles de même
porcelaine, enrichis de larges bouquets et montés sur socles de cuivre.

159. Une grande jatte fracturée, en porcelaine fond
blanc, à dessins de ramages, avec bord; socle
élevé à quatre pieds, en bronze doré.

160. Deux cassolettes en porcelaine fond blanc à
dessins de ramages et chimères, montées sur

socle élevé en marbre bleu turquin, les bords,
trépieds, tors et socles en bronze doré.

161. Deux jattes fond blanc et bleu, à huit pans, à
dessins de chinois et chimères, sur socle en
bronze doré à quatre pieds.

162. Deux jattes octogones fonds blancs et bleus, à
dessins réguliers, sur socle en bois d'acajou.

163. Deux autres avec leurs plateaux forme octo-
gone, fond blanc, à dessins de ramages et oiseaux.

164. Trois jattes fond blanc à fleurs, dont deux sur
socle, à trois consoles en bronze doré.

165. Deux jattes plates fond blanc, à dessins de
feuillages montés sur socles ronds, à quatre pieds
en bronze doré.

166. Deux petites jattes à dix faces, fond blanc à
dessins de fleurs, montées sur socle en bronze
doré à quatre pieds.

167. Une autre du même genre et plus grande, et
montée de la même manière.

168. Jatte ronde à dessins de chimères et feuillages
sur fond blanc.

169. Une jatte décorée de dessins d'ornemens tracés
en rouge et or.

170. Deux bouteilles carrées avec leurs couvercles,
fond blanc, dessins de ramage et oiseaux, bords
et socles en bronze doré.

171. Deux autres du même genre, de forme exagone, également montées en bronze doré.

172. Trois petites bouteilles, dont deux à pans,
fond blanc à fleurs.

173. Deux espèces de bouteilles à quatre faces, fond

blanc à ramages bleus et rouges, sur petits socles en bronze doré.

174. Un fort vase à huit pans et à larges dessins
bleus sur fond blanc.

175. Deux vases fond blanc avec couvercles pareils,
et à dessius tracés en bleu foncé.

PORCELAINES DE SÈVRES.

*La presque-totalité de ces porcelaines est de celle
dite de vieux Sèvres. Nous n'avons donc désigné que le
petit nombre des belles pièces de Sèvres modernes qui
font partie de cette collection. A la suite des vases, on
remarquera plusieurs pièces détachées de cabarets,
tels que sucriers, pots à crème, tasses, etc., que
M. Maëlrondt a fait monter avec goût, et qui sont de-
venus vases d'ornemens agréables et précieux.*

VASES.

176. Une belle garniture de trois vases d'un grand
prix, fond bleu à guirlandes et autres ornemens
en saillie; chacun est enrichi de quatre cartouches entourant la panse : l'un représente un
sujet champêtre; les trois autres des trophées et
des bouquets de fleurs; les bords, les piédouches
et les couvercles en porcelaine sont aussi garnis
d'imitations de perles et d'émeraudes, etc. Ces
trois vases sont posés sur des socles dorés au
mat, à oves et feuilles de persil. *H. de celui du*

milieu sans le couvercle ni le socle, 12 p., diam.
7 p.; h. des petits, 10 p., diam. 5 p.

177.   Un grand vase beau bleu œil de perdrix. Il est orné de deux riches médaillons représentant , l'un une marine, l'autre un bouquet de fleurs ; le couvercle et le piédouche en porcelaine placé sur un socle en bronze doré ; le collet est en bronze doré à jour ; chaque côté est garni de riches ornemens en bronze doré, figurant des anses, et composés de masques et guirlandes d'un précieux travail. Il est à regretter que ce beau vase ait été fracturé ; mais il est restauré avec le plus grand soin. H. 27 p., diam. 7 p.

178.   Deux forts vases fond lapis, enrichis de cariatides figurant les anses et guirlandes prises dans la masse et dorées ; le collet, garni de cannelures et oves dorées, est surmonté d'un bord en bronze. Ces deux vases sont posés sur des socles en bronze. H. 15 p., diam. 10 p.

179.   Un vase formant pendule, à cadran tournant, porté sur un socle en bronze doré contenant le mouvement de la pendule, et orné sur trois faces de médaillons sur porcelaine dont le sujet principal offre l'Amour porté sur des nuages. Ce précieux vase est garni d'un couvercle , d'anses et de guirlandes en bronze ciselé et doré.

180.   Un vase de milieu fond vert, avec guirlandes dorées peintes et en saillie. Il est orné de deux médaillons en grisaille représentant, l'un le portrait de Louis XV, et l'autre un trophée. Le piédouche est porté sur un socle en bronze doré, et

le couvercle et le collet également garnis de bronze doré.

181. Deux autres pouvant aller avec le précédent, à même fond, et ornés de médaillons blancs, avec guirlandes de fleurs.

182. Beau vase forme contournée, fond vert orné de deux cartouches; le principal représente un paysage avec sujet pastoral; l'autre offre un riche bouquet de fleurs. Ce vase est garni de masques de dieux marins, indiquant des anses, d'un couvercle à jour, et porté sur un socle de bronze doré.

183. Un vase de milieu bleu céleste, enrichi de deux cartouches représentant des oiseaux entourés de dessins tracés en or. Ce vase est garni d'un bord et d'un riche piédouche à oves et cannelures en bronze doré et de deux têtes de beliers figurant les anses. H. 14 p., diam. 6 p.

184. Deux vases fond vert d'eau, avec cartouches ornés de fleurs et fruits entourés de dessins tracés en or; le haut garni d'un bord à oves et cannelures en bronze doré, et porté sur un riche piédouche à perles, et tors de feuilles de chêne en bronze, et de riches masques et guirlandes figurant les anses. H. 12 p., diam. 6 p. 1/2.

185. Trois vases de forme dite *à ballon*, fond bleu vermicelle et œil de perdrix, avec leurs couvercles en porcelaine. Les bords, anses, socle et boutons de celui du milieu sont en bronze ciselé et doré. H. du vase de milieu, 17 p.; des deux autres, 14 p.

186.   Un beau vase forme d'urne alongée, beau bleu à cannelures blanches. Le collet est accompagné de deux sirènes prises dans la masse, soutenant des guirlandes dorées; la panse est enrichie de dessins tracés en or. Ce vase est garni d'un bord en bronze doré, et est posé sur un socle aussi en bronze doré. H. 18 p., diam. 7 p.

187.   Précieux vase de la plus belle sorte, forme de cassolette, fond beau bleu, avec cannelures blanches et en saillie, et piédouche en porcelaine, enrichi d'un rang de perles dorées et d'une guirlande tracée en or. Le bord est enrichi d'oves et de deux petites anses en cuivre doré; il est posé sur un tors à guirlande de feuilles de chêne, et sur un socle en bronze doré; le couvercle à jour et à dessins en saillie est orné de deux précieux médaillons représentant des Amours. H. 12 p., l. 10 p.

188.   Deux coupes de la belle sorte, avec leurs couvercles beau bleu, le collet et le piédouche ornés de perles et dessins d'ornemens, les anses prises dans la masse. Chaque vase est orné de médaillons peints en grisaille, représentant des sacrifices, et entourés de tors de feuillages en saillie et dorés, et de guirlandes de feuilles de chêne tracées en or.

189.   Deux moyens vases, ancienne porcelaine, fond bleu à œil de perdrix, ornés de peintures imitation chinoise, et s'ajustant avec deux autres forme de cornets enrichis de médaillons à sujets chinois et bouquet de fleurs. Les quatre vases sont garnis de socles ronds en bronze doré.

190.   Deux jolis vases à deux parties, dits *tulipiers,*
de belle sorte et à fond bleu œil de perdrix, ornés chacun de deux médaillons à sujets imités
de la Chine, et de quatre médaillons à bouquets
de fleurs.

191.   Deux beaux vases forme d'urne, fond bleu,
à sujets imités de la Chine, tracés en or, avec
les anses dorées et piédouche garni de perles et
ornemens aussi tracés en or. *H.* 14 *p., diam.* 5 *p.*

192.   Trois vases fond bleuâtre œil de perdrix : celui
du milieu orné d'une peinture représentant des
personnages chinois, entourant la panse de ce
vase, est garni d'anses en cuivre doré; les deux
pendans ornés de médaillons ovales offrant des
paysages et bouquets de fleurs avec anses prises
dans la masse, les couvercles surmontés de
pommes de pin en bronze doré. *H. du milieu,*
16 *p., diam.* 8 *p.; h. des deux autres,* 12 *p.,*
diam. 6 *p.*

193.   Deux vases modernes, imitation d'agate, forme
d'urne, avec médaillons en biscuit, sujets de sacrifices entourés de bronzes dorés soutenant des
têtes de Mercure et des serpens formant les
anses. *H.* 15 *p., diam.* 5 *p.*

194.   Deux beaux vases modernes fond bleu, garnis
de têtes d'éléphans figurant les anses, et ornés
de dessins tracés en or, et de médaillons représentant des vues de Saint-Cloud. Ces deux vases
sont aussi garnis de bords, socles et autres ornemens en bronze doré. *H.* 16 *p., diam.* 5 *p.*

195.   Un vase bleu céleste enrichi de deux précieux
médaillons représentant des bouquets de fleurs,

entourés de dessins tracés en or. Ce vase est garni d'un riche bord en bronze doré, ainsi que d'un piédouche et socle également à riches ciselures en bronze doré, et de deux figures d'ornemens; le couvercle est en porcelaine et à dessins tracés en or. *H.* 12 *p.*, *diam.* 5 *p.*

196. Deux autres vases bleu céleste ornés de médaillons de fleurs et oiseaux montés, forme de lampe antique, figurée par un cigne, et portée sur deux tortues et socle de bronze doré. *Haut.* 16 *p.*, *diam.* 5 *p.*

197. Deux cassolettes fond vert, avec dessins de feuillages blancs et or en saillie, anses contournées et piédouche du même morceau. Le couvercle et le bord du collet sont en bronze doré. Ces cassolettes sont portées sur des pieds élevés à quatre consoles en bronze doré.

198. Caisse fond vert clair avec dessins réguliers tracés en or, ornée sur le devant d'un riche médaillon peint, représentant la signature d'un contrat de mariage, et de deux guirlandes de fleurs, garnie d'un bord et d'un socle à pieds contournés en bronze doré.

199. Caisse fond bleu piqueté d'or, à larges dessins tracés en vert et or, ornée d'un médaillon représentant l'Amour porté sur des nuages; le socle et le bord en bronze doré.

200. Caisse fond gros bleu orné en avant d'un joli médaillon avec peintures de jeu d'enfans, entouré de guirlandes tracées en or, et posé sur socle à six pieds en bronze doré.

201. Glacière en porcelaine fond vert, ornée de

(35)

deux cartouches représentant des bouquets de
fleurs et des dessins d'ornemens tracés en or;
elle est garnie de deux satyres en bronze doré,
formant les anses, et posée sur un socle également
ment en bronze doré.

202.   Cuvette bleu amidon, ornée au dedans et au
dehors de cinq médaillons représentant des oi
seaux et de dessins de guirlandes tracés en or.
Cette cuvette est garnie de masques en bronze
doré et portée sur quatre dauphins aussi en
bronze doré, le tout placé sur un socle en porcelaine.

203.   Vase forme de saucière, fond vert, richement
monté, orné de deux cartouches à bouquets de
fleurs et anses adjacentes, garni de masques et
autres ornemens de bronze doré. Ce vase est
posé sur un socle à quatre pieds et à guirlandes
en bronze doré.

204.   Grande coupe moderne, forme de cuve, la
partie extérieure fond rose, avec ornemens dorés, et l'intérieur à fond blanc, orné de feuilles
de vignes et toile d'araignée tracées en or. Cette
coupe est supportée par quatre pieds de biches
en porcelaine qui posent sur un socle rond en
bronze doré.

205.   Ecuelle et son couvercle montée en vase et
placée sur un socle en porcelaine; le vase et le
socle sont garnis de masques, têtes de beliers,
dauphins et guirlandes en bronze doré. Ce précieux vase et son couvercle sont enrichis de
quatre médaillons représentant des marines.

206.   Deux jolis vases modernes fond vert, garnis

do bords, piédouche et anses en bronze doré et
ciselé. Ces deux vases sont ornés chacun de deux
médaillons représentant des cavaliers et des pâtres dans des paysages.

207.   Joli vase orné d'un médaillon représentant des
oiseaux, de deux autres au couvercle, et d'ornemens tracés en or. Ce vase est enrichi d'un
Amour en bronze doré, de guirlandes de pam-
prés et piédouche aussi en bronze ciselé et doré.

208.   Un vase formant sucrier, orné de deux médaillons représentant des soldats dans des paysages, et de deux autres médaillons au couvercle.
Ils sont garnis de bords, piédouche et figures de
syrènes figurant les anses, en bronze ciselé et
doré.

209.   Un autre, forme d'œuf, orné de deux médaillons représentant des soldats dans des paysages.
Il est garni de collet, piédouche, boutons et figures de syrènes figurant les anses, en bronze
ciselé et doré.

210.   Un vase à fond bleu, orné de deux beaux médaillons représentant les sujets d'Apollon et
Daphné et d'Énée enlevant son père Anchise.
Ces deux médaillons sont entourés de dessins
tracés en or; la monture est composée de figures
de syrènes, collet et piédouche en bronze ciselé
et doré.

211.   Sucrier avec son couvercle en porcelaine beau
bleu, le bord orné de masques, mascarons, et le
piédouche en bronze doré. Le corps du sucrier
est orné de deux médaillons représentant Mars

et Vénus, et le couvercle de deux autres représentant des trophées.

212. Écuelle ornée de deux médaillons représentant des oiseaux ; le couvercle aussi orné de deux autres médaillons à fleurs. Cette écuelle, fond bleu céleste, est montée en coupe, avec têtes de béliers en bronze formant les anses, et venant se terminer en consoles, et posant sur un socle en bronze ciselé et doré.

213. Un vase forme de pot-pourri, fond bleu, avec deux précieux médaillons représentant des marines, et deux aussi au couvercle. Ce vase est garni de bords à jour et d'espèces de cariatides formant les anses, piédouche et bouton en bronze doré.

214. Deux pots à crème, beau bleu, avec médaillons représentant des fleurs. Ils sont montés sur piédouche à quatre consoles, posés sur socles contournés, à quatre faces, et garnis de dragons tournant autour des anses, et de masques en bronze ciselé et doré.

215. Un autre de même forme et d'une monture différente, orné d'un médaillon à sujets de figures et de dessins d'ornemens tracés en or.

216. Un vase forme d'œuf, fond bleu, avec son couvercle, même couleur, orné de deux médaillons ovales représentant des oiseaux, et garni d'anses, piédouche, bords et boutons en bronze doré.

217. Un sucrier fond bleu céleste, orné de deux médaillons représentant des bouquets de fleurs, avec bords et piédouche en bronze ciselé et doré.

218. Un sucrier fond bleu vermicelle, avec son couvercle pareil, chaque pièce ornée de médaillons

blancs avec guirlande de fleurs; il est placé sur
un pied à quatre consoles en bronze doré.

219.   Écuelle montée en coupe, ornée de deux médaillons représentant des oiseaux; elle est montée sur un pied à quatre consoles, garni de masques et guirlandes en bronze doré.

220.   Tasse fond bleu, ornée d'un médaillon représentant une marine et de dessins de guirlandes
tracés en or, richement montée en bronze doré,
et formant un vase à deux anses.

221.   Deux tasses montées en vase, à peu près de
même dimension, à fond bleu, ornées de médaillons représentant des marines avec personnages, et de dessins tracés en or; ils sont garnis
de collet, anses et piédouche en bronze doré.

222.   Quatre autres tasses fond bleu, avec médaillons sujets de dragons et soldats entourés de dessins tracés en or, richement montées en bronze
ciselé et doré.

223.   Deux autres même fond, aussi avec médaillons, sujets de soldats, et richement montées en
bronze doré, entouré de dessins tracés en or.

224.   Deux autres avec montures à peu près pa-
reilles, et médaillons représentant des oiseaux.

225.   Une tasse formant vase, fond bleu vermicelle,
avec médaillon représentant des oiseaux; elle est
garnie de syrènes accompagnant le collet, et
piédouche en bronze doré.

226.   Petit sucrier en porcelaine fond bleu, avec
deux médaillons représentant des oiseaux et dessins tracés en or sur le couvercle, qui est aussi
monté en bronze doré.

227. Deux vases fond bleu céleste, avec médaillons de fleurs, et montés en bronze doré.

228. Un autre formant le milieu, même couleur, avec médaillons représentant des oiseaux, des sins tracés en or et montés en bronze doré.

229. Une tasse fond violet, avec médaillons sujets de la fable, entourés de dessins tracés en or, richement montés en bronze doré, et formant un vase à deux anses.

230. Une belle tasse avec une large soucoupe fond rose chamarré d'or, montée en écritoire; elle est ornée d'un beau médaillon représentant un faisan, et la soucoupe de deux médaillons du même genre. Elle est placée sur un socle à quatre pieds à jour, et dessins contournés en bronze doré.

231. Une autre, fond blanc, avec guirlandes et bouquets de fleurs, aussi montée en bronze doré.

232. Petite écritoire en porcelaine fond bleu vermicelle, enrichi d'un précieux médaillon représentant la Justice, et le plateau de deux médaillons à bouquets de fleurs; il est sur un socle ovale en bronze doré.

233. Deux soucoupes gros bleu, avec guirlandes tracées en or, et médaillons représentant des paysages; elles sont garnies de riches montures à forme de trépieds, en bronze doré.

234. Quatre soucoupes fond bleu, montées sur socles à trois pieds en bronze doré, et ornées de médaillons représentant des paysages et guirlandes tracés en or.

235. Une petite soucoupe fond bleu, avec médaillons représentant un paysage, montée sur socle à quatre pieds en bronze doré.

236. Une soucoupe fond rose, avec dessins à ramages tracés en or, le fond est orné d'un trophée. Elle est montée sur quatre pieds contournés en bronze doré.

237. Jolie soucoupe fond bleu, garnie d'une monture en bronze forme bonjour; elle est ornée d'un médaillon représentant un paysage avec un faisan.

238. Deux corbeilles et un petit vase dit *pot-pourri*, bleu céleste, orné de quatre médaillons représentant des fleurs, socle et boutons en bronze doré.

239. Deux jolis chandeliers forme de colonne torse, fond bleu, avec guirlandes de feuillages tracées en or.

240. Deux petits vases forme Médicis, fond bleu céleste, à médaillons représentant des oiseaux et des fleurs, sur colonne aussi en porcelaine bleue et blanche, portée sur socle en bronze doré.

241. Trois petits vases forme de bouteilles, dont un de Sèvres, fond bleu uni, légèrement montés en bronze doré.

242. Deux petits vases d'ancien Sèvres, ornés d'Amours dorés supportant les anses; la panse est aussi ornée de quatre têtes imitant des pierres antiques.

243. Deux bouteilles modernes à faces exagones,

fond rose et blanc, avec fleurs et dessins tracés
en or.

244. Un vase et son couvercle, porcelaine de Sèvres moderne, fond vert à dessins réguliers tracés en or; le couvercle est surmonté d'un lion
doré, et le vase est orné de médaillons représentant des fleurs.

245. Deux vases modernes de forme étrusque, à
trois anses et fond jaune orné de dessins violets.

246. Jolie écritoire à dessins réguliers tracés en or.

247. Un vase de nuit orné d'un médaillon représentant un paysage et des oiseaux sur fond bleu
vermicelle.

CABARETS, TASSES, ECUELLES,

BELLES ASSIETTES, ET AUTRES PIÈCES DE SERVICES
ET DÉTACHÉES, etc., etc.

248. Un nécessaire contenant une belle écuelle à
bouillon, son plateau et son couvercle, le tout
fond bleu, et chaque pièce ornée de deux médaillons contournés représentant des fleurs et
des fruits, et de dessins tracés en or; et une
écuelle et deux tasses avec leurs soucoupes, fond
blanc, ornées de peintures représentant des oiseaux avec dessins tracés en or.

249. Cabaret composé de six pièces : théière, sucrier et quatre tasses et soucoupes à fond bleu
vermicelle, ornés de médaillons représentant

des oiseaux, le tout posé sur un plateau moderne.

250. Précieux cabaret et son plateau, composé de
quatre pièces : boîte à thé, théière, tasse et sucrier, chaque pièce décorée d'animaux et de dessins d'ornemens tracés en or, sur un fond beau
bleu.

251. Cabaret composé de cinq pièces : théière, pot
au lait, sucrier et deux tasses beau bleu, richement ornés de dessins tracés en or, et médaillons blancs à guirlandes de fleurs. Le plateau est
enrichi d'un beau bouquet de fleurs et de fruits.

252. Très-beau cabaret sans plateau, composé de
sept pièces : sucrier, pot au lait, une théière,
quatre tasses, fond bleu, dessins d'ornemens
tracés en or; chaque tasse et chaque soucoupe
ornée d'un médaillon sujet de Vénus et l'Amour.
Le sucrier et la théière ornés chacun de deux médaillons sujets de la fable, et le couvercle du sucrier de deux médaillons du même genre; le pot
au lait orné d'un médaillon.

253. Quatre tasses beau bleu, ornées de médaillons
avec fleurs, vases et accessoires de jardinage avec
leurs soucoupes à même ornement et à larges
dessins de guirlandes et ornemens tracés en or.

254. Cabaret, composé de quatre pièces, fond
bleu vermicelle; pot à crème, sucrier, deux
tasses et leurs soucoupes, ornées de médaillons,
représentant des paysages et oiseaux; placé sur
un plateau blanc avec bouquets de fleurs.

255. Cabaret, fond écaille, composé de cinq pièces,
théière, pot au lait, sucrier et deux tasses sur

plateau, aussi enrichi de médaillons, représentant des oiseaux.

256. Cabaret, fond vert d'eau, composé de quatre pièces, théière, pot au lait, tasse, sucrier sur plateau élevé, et orné de médaillons blancs à corbeilles de fleurs, et larges dessins d'ornemens tracés en or.

257. Deux tasses, sucrier et théière fond bleu, à larges médaillons de bouquets de fleurs, placé sur un plateau blanc à bord bleu de ciel piqueté avec guirlandes et bouquets de fleurs.

258. Un cabaret sur plateau élevé, composé de trois pièces, théière, pot au lait et sucrier fond blanc, orné de guirlandes de fleurs et dessins tracés en or.

259. Cabaret avec son plateau, théière, sucrier, deux tasses et leurs soucoupes fond blanc, à guirlandes de fleurs.

260. Cabaret avec chocolatière, monté en vermeil sur plateau en laque, composé d'une tasse, corbeille, et sucrier fond blanc avec dessins tracés en or, et d'une beurrière en cristal.

261. Un cabaret de huit pièces bleu de ciel œil de perdrix, le pot à crème un peu différent, composé de sucrier, théière, bol, pot au lait, quatre tasses et soucoupes, chaque pièce ornée de deux médaillons à trophées, et le bol de deux médaillons à paysages.

262. Un cabaret de porcelaine ordinaire sur plateau plat, composé d'un sucrier, une tasse, deux pots à crème, fond blanc à dessins à ramages et guirlandes de fleurs.

263. Belle écuelle et son couvercle, ornés de quatre médaillons, avec son plateau orné de deux
médaillons, sujets de marine, les anses dorées,
les guirlandes et entourages de médaillons également dorés.

264. Une autre belle écuelle avec son couvercle et
son plateau fond bleu; chaque pièce ornée de
deux médaillons, peints d'après Boucher, et entourés de guirlandes tracées en or.

265. Une écuelle et le couvercle fond rose, ornés
de quatre médaillons de fleurs sur plateau orné
de trois médaillons, de bouquets et guirlandes
de fleurs et dessins arabesques.

266. Petite écuelle avec couvercle et plateau fond
rose à rubans bleus, ornés de petits médaillons
ornés de guirlandes de fleurs.

267. Petite écuelle avec couvercle et plateau fond
bleu céleste, ornés de bouquets de fleurs et
guirlandes.

268. Un très-beau sucrier fond bleu, avec riches
dessins d'ornemens tracés en or, et orné de deux
médaillons d'après Cipriani, et deux autres au
couvercle, représentant des trophées.

269. Sucrier bleu céleste, orné de guirlandes de
roses.

270. Espèce de pot-pourri fond blanc à anses, boutons et piédouches dorés et dessins tracés en or.

271. Très-belle tasse et sa soucoupe fond bleu; la
tasse est décorée d'un médaillon, sujet d'Her-
cule et d'Omphale; la soucoupe d'un autre
grand médaillon, représentant Vénus et l'Amour;
elle est aussi ornée de dessins de feuillages et

autres ornemens tracés en or. Le tout dans un étui.

272. Très-belle tasse fond bleu à émaux et cornalines, ornée de guirlandes de feuillages en or et en saillie.

273. Une autre très-belle tasse à émaux, fond bleu, et ornée de riches guirlandes à émaux, entourés de dessins en saillies et tracés en or.

274. Belle tasse ornée ainsi que la soucoupe, de médaillons offrant des marines avec personnages, entourées de larges dessins d'ornemens tracés en or.

275. Une autre belle tasse plus grande et sa soucoupe, fond bleu, dessins d'ornemens tracés en or; la tasse et la soucoupe ornées de médaillons représentant des marines avec personnages.

276. Belle tasse, fond bleu, avec riches dessins d'ornemens tracés en or; la tasse est ornée d'un médaillon, représentant un berger et son troupeau, et la soucoupe, d'un autre, représentant des accessoires champêtres.

277. Jolie tasse à bouillon dans sa soucoupe et avec son couvercle, le tout à fond bleu, et ornés de trois médaillons, représentant des oiseaux et des dessins d'ornemens tracés en or.

278. Jolie petite tasse et sa soucoupe beau bleu à guirlandes d'émaux.

279. Grande tasse à bouillon à deux anses avec son couvercle et sa soucoupe : ces trois pièces sont ornées de cinq médaillons contournés, offrant des paysages et des faisans, et de dessins et guirlandes tracés en or.

280. Une autre belle tasse à bouillon avec un beau plateau, fond rose à veines bleuâtres le tout orné de cinq médaillons, représentant des paysages.

281. Petite tasse et sa soucoupe, fond bleu céleste; ces deux pièces ornées chacune d'un médaillon, représentant des paysages et oiseaux.

282. Tasse et sa soucoupe fond rose vermicelle; chaque pièce ornée d'un médaillon, avec paysage et oiseaux.

283. Grande tasse et sa soucoupe fond blanc, ornées d'une peinture soignée, représentant un coq; et la soucoupe de celle d'un épervier : ces deux pièces sont aussi ornées de larges dessins d'or-nemens tracés en or.

284. Tasse et sa soucoupe fond blanc, ornées d'é-maux cornalines et guirlandes de fleurs colo-riées.

285. Tasse et soucoupe fond d'or et blanc, avec dessins d'arabesques.

286. Deux tasses fond bleu, et leurs soucoupes avec médaillons peints en grisaille, d'après Bou-cher, entourés de feuillages coloriés et de des-sins tracés en or.

287. Deux tasses, l'une rose pâle avec sujets chi-nois autour de la tasse; l'autre rose foncée avec médaillon, représentant aussi des sujets chi-nois.

288. Tasse et soucoupe bleu clair à larges dessins tracés en or.

289. Tasse à bouillon et soucoupe, fond bleu œil de perdrix piqueté d'or; la tasse ornée d'un

médaillon, et la soucoupe de deux, représentant des Amours.

290. Pot au lait, fond violet et le bord blanc, orné de dessins d'arabesques.

291. Deux soucoupes fracturées.

292. Deux pots à pâte avec leurs couvercles, fond blanc rubanné, ornés de guirlandes de fleurs.

293. Chocolatière vert pomme, ornée de dessins arabesques et de trois médaillons, imitation chinoise.

294. Veilleuse complète à fond blanc et à bouquets.

295. Soixante-huit douzaines d'assiettes, de vieux Sèvres, à festons, bords dorés ou feuilles de choux, ou bord d'osier, ornés de bouquets ou guirlandes de fleurs. Cet article sera divisé au gré des amateurs ou pour compléter des services avec les pièces qui suivent; on en exposera plusieurs de chaques dessins.

296. Onze belles assiettes dépareillées, aussi vieux Sèvres à bords à jour, dessins en saillie, etc.

297. Dix-neuf belles assiettes modernes dépareillées, enrichies de belles et diverses peintures d'ornemens et sujets. Cet article sera divisé.

298. Environ cent soixante compotiers ronds octogones quarrés ou forme de coquille à dessins correspondans à ceux des assiettes. Cet article sera divisé de même que celui du n°. 1295.

299. Vingt-huit saladiers *id.* qui seront divisés.

300. Cinquante-quatre seaux à rafraîchir, de dessins variés, dont plusieurs portent le chiffre de madame Dubarry : cet article sera divisé comme les précédens.

3o1.   Dix-neuf sucriers qui seront aussi divisés.

3o2.   Plusieurs glacières, saucières, huilliers et autres pièces qui serviront aussi à compléter des services, ou seront divisés au gré des amateurs.

3o3.   Cent coquetiers, pots à crème et autres petites pièces qui seront divisées comme l'article précédent.

3o4.   Deux caisses en porcelaine de Sèvres moderne fond bleu clair, à anses et bords dorés, et à dessins réguliers.

MEUBLES PRÉCIEUX,

EN VIEUX LAQUE, EN MARQUETERIE

ET EN BOIS DE CHOIX, etc., etc.

Quelques-uns de ces meubles précieux ont été établis avec autant de soin que d'habileté par M. Alexandre Bélanger, d'après les idées de M. Maëlrondt. Nous aurons soin de les indiquer.

3o5.   Une grande et belle commode et deux encoignures d'un grand prix. La commode ouvrant à trois vantaux ; celui du milieu enrichi d'un grand médaillon rond en porcelaine de vieux Sèvres, représentant une corbeille de fleurs avec encadremens dorés et guirlandes en bronze doré, les deux autres vantaux couverts de panneaux en vieux laque avec sujets chinois en saillie. Les deux côtés enrichis également de panneaux de laque aussi avec sujets chinois en saillie avec encadremens de larges feuilles de persil en bronze doré. Cette commode est garnie de quatre pieds à consoles surmontés de têtes de lions , de six pates de lions et de rinceaux d'ornement à l'entablement , le dessus en marbre bleu turquin.

Les deux encoignures ouvrant chacune à un vantail circulaire enrichies d'un panneau en laque à dessins chinois en saillie avec encadrement à larges feuilles de persil en bronze doré , chaque encoignure garnie de deux pieds à consoles surmontés de têtes de lions , de rinceaux de feuillages et avec dessus de marbre bleu turquin.

306. Une autre belle commode à cinq tiroirs , enrichie de cinq panneaux en laque à dessins de ramages en saillie, celui du miliéu est garni d'un trophée ovale en bronze doré; l'entablement orné d'un bas-relief, de tors et oves en bronze doré, supporte un dessus de marbre blanc ; cette commode est garnie de pieds et poignées en bronze doré.

307. Un beau secrétaire dont la partie antérieure ouvrant à un abattant et deux vantaux est garni de larges plaques d'ancien laque à dessins de ramages en saillie avec encadrement et beau médaillon représentant un trophée en bronze doré; les deux côtés sont couverts de deux panneaux en laque avec sujets chinois en saillie; l'entablement garni d'un bas-relief en bronze doré supporte un dessus de marbre blanc.

308. Deux jolies encoignures , dont une faite par

(50)

M. Bellanger. Chaque encoignure ouvrant à un vantail , couvert d'un panneau en laque à dessins de ramages en saillie; ces encoignures sont ornées de bas-reliefs et à dessus de marbre blanc.

Les numéros 306 , 307 et 308 seront vendus ensemble ou séparément, selon le désir des amateurs.

309.   Une belle armoire et un beau secrétaire; l'armoire ouvrant à deux vantaux garnis chacun d'un panneau en laque à dessin en saillie , de ramages et oiseaux; chaque côté également garni d'un panneau en laque à dessins en saillie représentant des Chinois. Le secrétaire ouvrant à un abattant et à deux vantaux est garni de quatre panneaux en laque à dessins en saillie et de quatre autres sur les côtés. Chaque pièce est surmontée d'un entablement en ébène enrichi de rinceaux d'ornement, masques et filets en bronze doré , avec dessus en marbre blanc.

310.   Une commode à deux colonnes et deux pilastres cannelés ouvrant à deux vantaux cachant les tiroirs , garnie sur le devant de trois panneaux en laque à vases de fleurs et oiseaux en saillie; chaque côté à panneaux noirs avec rosettes en bronze doré; cette commode est garnie d'un dessus de marbre blanc.

311.   Une commode ouvrant à deux vantaux , garnis chacun d'un panneau à dessin en laque, sur fond de bois, représentant des fleurs et des oiseaux, avec encadrement en bronze doré; chaque côté couvert de panneaux pareils aux précédens, à dessus de marbre vert de mer.

312. Un bureau très-restauré, garni de huit panneaux de laque blanc avec dessus de basane, et divers ornemens en cuivre.

313. Une petite armoire basse, dite cabinet, précieux ouvrage de marqueterie, par Boule, à un seul vantail par-devant, et à douze tiroirs, dont huit aux deux parties latérales. Ce meuble est en cuivre et étain sur fond d'écaille, orné d'un médaillon en bronze doré, représentant Henri IV, et de masques guirlandes et filets en bronze doré, avec dessus de marbre.

314. Une petite armoire à deux vantaux, la partie de devant garnie de panneaux, à fond d'écaille avec marqueterie en cuivre, par Boule; chaque côté garni de deux panneaux, dont l'un est un ouvrage de marqueterie, par Riesner, et l'autre de marqueterie, cuivre et écaille, par Boule; l'entablement, les faces et côtés sont ornés de rinceaux de feuillages masques, et cariatides en bronze doré, avec un beau dessus de brèche violette.

315. Une petite armoire basse, ouvrant à deux vantaux garnis de panneaux en marqueterie en cuivre et en écaille, par Boule; et de deux Amours en bronze doré; chaque côté garni de masque en bronze doré, et entouré d'encadrement en marqueterie cuivre et écaille; le dessus est en granit gris.

316. Un beau secrétaire et une commode, en marqueterie, de Riesner, à carreaux; la commode a deux grands et trois petits tiroirs; le devant du secrétaire est orné de trois trophées en bronze

doré, et l'entablement de guirlandes, également en bronze doré. Ces deux meubles sont surmontés de dessus de marbre blanc.

317. Une belle commode à cinq tiroirs, ouvrages de marqueterie, par Riesners; le panneau du milieu, décoré d'un vase de fleurs en bois de rapport, les deux autres, ainsi que ceux des côtés à carreaux et fleurs; ce meuble est garni à son entablement de rinceaux de feuillages en bronze doré, de deux pieds à console, de fortes guirlandes également en bronze doré, et d'un dessus de marbre brêche.

318. Une autre commode à cinq tiroirs et à carreaux, garnie à l'entablement de rinceaux de feuillages, oves, et autres ornemens en bronze doré, et à dessus de marbre contourné.

319. Une commode de Riesner, à losanges et à cinq tiroirs avec rinceaux dans l'entablement, et autres ornemens de cuivre doré.

320. Un secrétaire en marqueterie, par Riesner, ouvrant à un abattant et à deux vantaux; l'abattant, orné d'un dessin en marqueterie, représente le soleil et d'autres accessoires; ce secrétaire est garni de galeries et filets en cuivre avec dessus de marbre blanc.

321. Deux meubles formant buffets, par Riesner, la partie antérieure garnie d'un tiroir et de deux vantaux à petits carreaux en marqueterie, les parties latérales, garnies de trois étagères et d'un tiroir. Ces deux meubles sont aussi garnis de dessus de marbre blanc avec galerie de cuivre.

322. Un petit bureau en marqueterie de Riesner,

garni de deux tiroirs sur les côtés, de poignées, et ornemens de cuivre doré, et avec
dessus de maroquin.

323. Deux petites commodes, dont une à demi-
colonne cannelée, et deux encoignures, aussi
ouvrage de marqueterie avec dessus de marbre
et garnies de cuivres dorés.

324. Un secrétaire à cylindre en marqueterie avec
dessins de fleurs en bois de rapport, par David;
garni de quelques ornemens en cuivre.

325. Une table ovale en marqueterie, par David;
le dessus représente Enée enlevant son père:
cette table à mécanique est légèrement garnie
de cuivre doré.

326. Un très-beau meuble secrétaire à deux parties, fait par M. *Bélanger;* la partie inférieure, composée de six colonnes et de quatre
pilastres, à cannelures en cuivre doré, garni
de deux glaces; la partie supérieure ouvrant à
un abattant, garnie de douze tiroirs; cette partie est enrichie de quatre plaques en porcelaine
moderne, représentant des paysages et différens sujets, et de dix autres plaques en ancien
Sèvres, à guirlandes de fleurs; elle est aussi garnie de deux cariatides, et autres ornemens en
bronze doré.

327. Un joli serre-papier en ébène, fait par M.
Bélanger; il est orné de cinq médaillons en porcelaine de Sèvres, dont trois à sujet de figures;
il est garni de rinceaux, poignées, encadremens
et filets en bronze doré, avec dessus en marbre.

328. Un beau bureau, fait par M. *Bélanger;* il est

en ébène, sur 4 pieds à cannelures, avec dessus
en maroquin vert, le devant est orné de trois
médaillons en porcelaine de Sèvres, représentant des sujets champêtres, et chaque côté d'un
médaillon, représentant un bouquet de fleurs.
Ce meuble est garni d'une manière très-élé-
gante d'ornemens divers en bronze doré.

329. Une grande console en ébène, ornée de petits
panneaux en laque, à dessin et saillie, et d'un
bas-relief en bronze doré, représentant un sujet allégorique sur l'astronomie, les quatre pieds
sont à cannelures, indiquées en étain, et le
dessus est en marbre blanc.

330. Une autre console plus petite en ébène, le
dessus en granit vert; elle est sur quatre pieds,
à cannelures, indiquées en étain, et enrichie de
bronze doré.

331. Un joli secrétaire en bois d'acajou, à étagères sur les côtés; le panneau supérieur
est orné d'un médaillon en fer, représentant Louis XIV et Marie-Thérèse, avec entou-
rage en bronze doré; le panneau inférieur est
orné d'un bas relief en bronze doré, représentant deux colombes et autres accessoires, l'entablement, surmonté d'une galerie en cuivre
doré et d'un marbre blanc, est orné d'un bas-
relief, figurant le soleil, et d'autres ornemens
en bronze doré.

332. Un autre joli secrétaire dit bonheur du jour,
en bois de racine, sur console, à quatre pieds et à
un tiroir; l'abattant est décoré d'un bas-relief
en terre de Wgiwood. Ce secrétaire est aussi

garni de bronze doré et d'un dessus en marbre
portor.

333. Un riche cartonnier à six cartons, en deux
parties, en bois d'acajou; la partie supérieure
est ornée d'un bas-relief en marbre blanc.

334. Une bibliothèque en bois d'acajou, fermant à
deux vantaux; les deux panneaux du haut garnis de glaces ; elle est ornée de cannelures, encadremens, filets et chapiteaux de cuivre en cou
leur.

335. Deux autres bibliothèques également en acajou, à deux vantaux; les deux panneaux supérieurs garnis de glaces, et les deux inférieurs
en bois d'acajou, avec cannelures également en
cuivre.

336. Une petite table en bois de citronnier et bois de
rose, avec dessus de marbre blanc, légèrement
garnis en bronze doré.

337. Une console en bois de citronnier avec filet
d'acajou, dessus de marbre bleu turquin, et la
tablette inférieure, enrichie d'un ouvrage de
marqueterie à carreau en bois.

338. Une petite bibliothèque en acajou avec dessus
en marbre blanc et galeries et ornemens en
bronze doré.

339. Une très-belle table de nuit en bois d'acajou
à cols de cygnes, guirlandes et ornemens de cuivre doré; le dessus en glace avec cercles de cuivre doré.

340. Deux encoignures en bois d'acajou , ornées
chacune d'un médaillon peint à l'huile.

341. Deux étagères en bois d'acajou à dessus de

marbre bleu turquin, ayant chacune trois tablettes et deux tiroirs. Les entablemens, galeries et pieds, garnis de bronze doré.

342. Un guéridon à trois pieds, en acajou; tablettes et dessus en marbre; et galeries en bronze doré.

343. Deux armoires à deux vantaux, les panneaux supérieurs en glaces, et les inférieurs, imitant le laque de la Chine.

344. Deux gaînes en bois d'acajou, ornées chacune de palmettes et torches, avec dessus en marbre noir.

345. Une autre gaîne en bois de placage, garnie d'un médaillon ovale, peint à l'huile, et représentant le Temps.

346. Un grand miroir cintré par le haut, dans un cadre ouvrage de marqueterie par Boule, garni de deux masques, et autres ornemens en cuivre doré.

347. Une petite glace avec encadrement, ouvrage de marqueterie par Boule.

348. Une Psyché en bois de citronnier, dont la partie inférieure est garnie d'une plaque de marbre de Siène.

349. Deux paravents, dont un à six feuilles couvertes en soie brodée, à figures et feuillages d'un côté, et de l'autre en velours.

RÉGULATEURS, PENDULES,

CARTELS, ETC., FLAMBEAUX, GIRANDOLES ET AUTRES OBJETS EN BRONZE DORÉ.

350. Un beau régulateur de Ferdinand Berthoud, à trois cadrans d'émail, l'un marquant les heures, quantièmes et mois, les autres servant de baromètre et thermomètre, dans une gaîne en ébène orné de cuivre doré et posé sur une armoire à trois vantaux aussi en ébène avec incrustations, encadremens, figures, et autres ornemens de cuivre doré.

351. Un beau régulateur du nom de Julien Leroy, avec cadran en étain marquant heures, minutes, secondes, quantièmes et mois, sur une forte gaîne contournée en bois d'acajou incrustée en bois de rose, décorée dans la partie supérieure d'une figure en cuivre doré, représentant le Temps, et dans la partie inférieure de deux Têtes d'enfans, rinceaux et autres ornemens également en cuivre doré.

352. Une belle pendule du nom de Lepaute, à cadran tournant, forme de globe, sur socle en cuivre doré, enrichie de deux figures en bronze au vert antique ; l'une représentant Uranie, et l'autre l'Amour tenant la faux du Temps.

353. Une belle pendule du nom de Lepaute, montée sur socle en bronze doré, et décorée de deux

figures en bronze au vert antique, l'une représentant Uranie, et l'autre un Génie tenant un
compas.

354. Une pendule du nom de Lepaute, ornée
d'une figure de bronze doré représentant l'Etu-
de, sur une terrasse de même métal. Le tout
porté sur un socle en ébène, enrichi de trois
bas-reliefs en bronze doré.

355. Une belle pendule du nom de Gaudron,
cadran en cuivre ciselé, dans une boîte contournée en écaille avec marqueterie, par Boule,
décorée de deux figures en cuivre doré, représentant l'une le Temps et l'autre l'Amour, garni
de deux draperies aussi en cuivre doré. Cette
pendule est placée sur un pied à quatre faces,
formant armoire, ouvrage de marqueterie par
Boule, décoré de deux masques, têtes de béliers, pates de lion, guirlandes, etc., en cuivre doré.

356. Une pendule à cadran de cuivre et émail du
nom de Thuret, dans sa boîte contournée en
cuivre ciselé et doré, surmontée d'un Amour,
et sur socle en console, ornée d'un médaillon
représentant un buste de femme.

357. Une pendule à cinq cadrans, marquant heures,
minutes, jours de la semaine, et formant thermomètre, du nom de Lesieur à Paris, dans une
boîte en acajou.

358. Une pendule à cadran émaillé, marquant
heures, minutes et secondes, du nom de Ferdinand Berthoud, dans sa boîte en glace avec

chapiteaux, encadrement et socle en cuivre doré
sur socle en albâtre.

559. Une pendule à cadran d'émail du nom de
Jean-Baptiste Baillon, dans sa boîte en cuivre,
portée par un éléphant en bronze sur terrasse
en cuivre ciselé et doré; le tout posé sur une
boîte en ébène ornée de cuivre doré, et renfermant un jeu de flûte.

360. Une pendule à tirage, du nom de Stephen
Raimbault à Londres, dans sa boîte en acajou,
à cadran à plusieurs compartimens, marquant
heures, minutes, quantièmes, et phases de la
lune.

361. Un cartel formant thermomètre et baromètre,
du nom de Julien Leroy, surmonté d'une petite
figure, et décoré de consoles, encadremens,
et masques en cuivre doré.

362. Une pendule et un thermomètre à cadran
d'émail, dans leurs boîtes en cuivre doré, orné
d'un bas-relief.

363. Un cartel à cadran d'émail, du nom de Leroy,
dans sa boîte en cuivre doré.

364. Un cartel à sonnerie, du nom de Mayer, dans
sa boîte en cuivre.

365. Un petit réveil de voyage, du nom de Jarossay.

366. Quatre beaux chandeliers en bronze ciselé
et doré, à quatre cariatides, et garnis de guirlandes, rinceaux, et autres ornemens.

367. Deux autres petits, aussi en bronze doré, à
trois consoles, et pieds garnis de médaillons imitant des camées.

568. Deux petites girandoles en bronze doré, à

trois lumières, forme de trépieds à consoles ornées de têtes de beliers, et autres ornemens posés sur socles triangulaires en marbre noir.

369.   Deux petits chandeliers, forme d'autel, ornés de têtes de beliers et guirlandes ciselées; le tout en bronze doré et monté sur socle de marbre noir.

370.   Deux petites cassolettes sur trois pieds à consoles, et socles circulaires en bronze doré.

371.   Deux médaillons en bronze doré représentant Henri IV et Sully.

372.   Deux mains à papier en cuivre doré.

MÉDAILLONS EN MOSAÏQUE ET EN PORCELAINE, COFFRETS DIVERS, FIGURES EN BISCUITS, JEUX DE FLUTE, SOCLES EN MARQUETERIE, EN PORCELAINE ET EN MARBRE, PANNEAUX EN LAQUE ET OBJETS DIVERS.

373.   Deux médaillons ronds, en Mosaïque, dont l'un représente le Colysée.

374.   Deux autres, de forme ovale, représentant des fruits.

375.   Deux sujets de chasse, peints avec facilité par Sweback, sur deux plaques de porcelaine.

376.   Deux plaques de porcelaine avec médaillons, représentant des oiseaux entourés de dessins tracés en or.

577. Une autre plaque de porcelaine avec le sujet de Vénus, couronnée par les Grâces.

378. Deux plaques rondes à bouquets de fleurs.

379. Une autre avec figure de l'astronomie.

380. Un petit médaillon en porcelaine de Sèvres, représentant les bords d'une rivière avec beaucoup de figures.

381. Deux figures en biscuit de Sèvres bronzé, dont l'une représente l'Amour sur socles en porcelaine de Sèvres, fond blanc et bleu avec dessins tracés en or.

382. Une petite tabatière en bois avec médaillon à l'huile, par Lantara.

383. Une autre aussi en bois, avec un émail, représentant un portrait de jeune femme.

384. Une autre petite tabatière en laque.

385. Un riche et précieux coffret formé de plusieurs plaques de cristal de roche, encadrées dans un ouvrage en filigramme d'argent et vermeil, et garni dans l'intérieur de plaques de lapis.

386. Une petite maisonnette chinoise en laque.

387. Un coffret en laque, le dessus, orné de dessins en saillie, représentant des paysages.

388. Une petite écritoire ouvrant à coulisse en laque, fond aventuriné et noir, avec dessins de ramages en saillie.

389. Deux coffrets à secret en marqueterie, sur socles en bronze doré.

390. Une serinette dans un coffre en marqueterie, sur bois satiné, représentant un paysage et divers ornemens.

391. Un jeu de flûtes, renfermé dans une boîte en ébène, ornée en avant d'un médaillon, représentant Phaëton.

592. Une boîte en ébène à deux tiroirs, formant socles avec filets et boutons en cuivre.

593. Un joli socle à quatre faces, ouvrage de marqueterie, par Boule; cuivre sur écaille, orné de 4 masques, 4 pieds, et autres ornemens en cuivre doré.

594. Deux socles à quatre faces en marqueterie, par Boule, décorées de masques aux quatre angles.

595. Un autre du même travail, mais moins riche.

596. Un petit socle de pendule en ébène à console, travail de marqueterie en cuivre et en étain; par Boule.

597. Deux plaques en marbre vert de mer avec encadrement de bois de citron, portées sur 4 boules de cuivre et formant socles.

598. Deux socles ronds en granit rose, montés en bronze doré.

599. Deux socles en serpentin, garnis en cuivre doré et ciselé.

400. Deux autres socles en marbre blanc, entourés de cuivre doré.

401. Plusieurs socles en granit, en porphire, en albâtre, en serpentin et en marbre, seront divisés sous ce numéro.

402. Un socle rond en porcelaine bleue, à bords dorés, et divers autres socles aussi en porcelaines, de formes et fonds différens, qui seront divisés sous ce numéro.

403. Divers socles et plateaux à compartimens, en bois d'acajou, seront divisés sous ce numéro.

404. Un petit écran de table en ébène, orné de quatre bas-reliefs en cuivre doré et de transparent, représentant les vues de Thœplis.

405. Deux panneaux en laque, à dessins en saillie, de figures et de paysages.

406. Une serrure et deux verrous à mécanique avec le nom de Lemoine.

407. Trois vases en bois peint en bleu lapis, ornés de figures de femmes et têtes de beliers en cuivre, et montés sur un socle en porcelaine bleue et en granit.

408. Deux cruches en terre anglaise, dont une sans couvercle à gorge d'argent, et l'autre avec couvercle et gorge en argent.

409. Un coffre renfermant différens vases, imitation de laque.

410. Quelques meubles courans, et autres objets sans importance ou omis au catalogue, seront divisés sous ce numéro.

Imprimerie Moreau, rue Montmartre, N°. 39.